Norbert-Bertrand Barbe

LA *CRUCIFIXION*: EVENEMENT COSMIQUE OU VOYAGE DE L'AME?

"*L'âme est une étincelle d'essence stellaire*"
Héraclite

De tous temps, la *Crucifixion* a été au centre des préoccupations théologiques de la Chrétienté. Les croyants et les interprètes y voient l'annonce de la Résurrection du Christ. L'iconographie s'en est donc tout naturellement emparée. On rencontre déjà le symbole de la Croix dans les plus anciennes oeuvres paléochrétiennes. Nombreux sont les sarcophages et les stèles nous portant témoignage de cette foi vertueuse des premiers Chrétiens envers Jésus. Les Pères de l'Eglise eux-mêmes ont basé leur existence sur l'imitation dévote de sa Vie. Et il n'est pas de manifestations plus touchantes que les premières mosaïques byzantines où la Croix est associée à l'image de l'agneau, parfois porté par son berger. On sait que l'Agneau Mystique est lui-même le symbole de la Passion, comme le montre le célèbre retable du même nom des frères Van Eyck, inauguré en 1532 à Gand.

Ainsi, bien avant que soient mises en place les représentations souvent compliquées et chargées de signification des siècles postérieurs, l'unique symbole de la Croix apparaissait aux yeux des fidèles comme l'image emblématique de la souffrance de Jésus pour les hommes, mais aussi de sa Résurrection salvatrice.

La présence d'un ou deux crânes au pied de la Croix[1] dans les *Crucifixions* de la fin du Moyen Age et de la Renaissance rappelle qu'Adam et Eve ont été purifiés par le sang du Christ. On peut en citer plusieurs exemples, tels que la *Crucifixion* de l'église de Marville dans la Meuse[2], le *Retable du Parlement de Paris*[3] de 1453-1455, attribué à Louis Le Duc, et conservé au Louvre, une *Copie du Retable de la Cour des Comptes*[4] du début du XVIème siècle, conservée aux Archives Nationales à Paris, ainsi que plusieurs oeuvres du Maître de la Chasse à la licorne (la xylographie coloriée de la

Grande Passion[5], conservée au Cabinet des Estampes de la Bibliothèque Nationale, le folio 53 des *Heures Séguier* du musée Condé à Chantilly, ou bien encore le folio 48 des *Très Petites Heures d'Anne de Bretagne*[6], également conservé à la Bibliothèque Nationale).

Pourtant, après la période paléochrétienne où les images, bien que cryptées, sont facilement décodables pour un homme du XXème siècle (les premiers Chrétiens utilisaient des images cabalistiques comprises d'eux seuls, telles que la Croix ou le poisson, aussi symbole du Christ, pour défier le pouvoir Romain), une autre ère s'ouvrit, où le nouveau culte, maintenant reconnu, voulut colporter son message à travers tous les pays du bassin méditerranéen. Or, comment mieux faire passer une doctrine que par l'image dans ces époques reculées où la plus grande partie de la population était illettrée?

Les théologiens et les artistes décidèrent donc d'illustrer la vie du Christ à travers une série de scènes représentatives. Dès le IXème siècle notamment, les Byzantins utilisèrent le plan carré de leurs églises pour instituer un système de représentations bien précises, qui seraient toujours les mêmes. Le cycle christologique ainsi défini comprenait douze scènes, qui allaient de l'Annonciation (1ère scène) à la Dormition de la Vierge (12ème scène), qui elle-même se situait après la Nativité (2ème scène), la Présentation de Jésus au temple (3ème scène), le Baptême de Jésus par saint Jean-Baptiste dans le Jourdain (4ème scène), la Transfiguration (5ème scène), le Miracle de Lazare (6ème scène), les Rameaux, c'est-à-dire l'Entrée du Christ à Jérusalem (7ème scène), la Crucifixion (8ème scène), la Résurrection (9ème scène), souvent symbolisée par la Descente aux Limbes, l'Ascension (10ème scène), et la Pentecôte (11ème scène).

Là encore, la *Crucifixion* occupait une place centrale. C'est à cette époque carolingienne (vers le IXème siècle)[7], que le thème s'en développa sur toute sorte de supports (bois, ivoire, etc.). Les différentes *Crucifixions* montraient le Christ en Croix, entouré de la Vierge et de Saint Jean l'Evangéliste, ou du porte-éponge et du porte-lance (les soldats qui le supplicièrent). On y voyait aussi, invariablement, les personnifications du Soleil et de la Lune, et parfois même celles de la Terre et de l'Océan (indifféremment représenté sous les traits de Neptune ou d'une Sirène).

Le Soleil et la Lune entourent par exemple le Christ dans les *Crucifixions* de la couverture en ivoire d'un manuscrit de la Bibliothèque Nationale (fig. 1), d'un triptyque constantinopolitain de la 2ème moitié du Xème siècle, conservé au cabinet des médailles (fig. 2), du *Missel de*

Jean Rolin (vers 1460)[8], et de la gravure du *Missel de Verdun* (1481) du Maître de la Chasse à la licorne[9]. La célèbre couverture en ivoire du Codex latin 4452 de la Bayerische Staatsbibliothek de Munich[10] montre même les personnifications du Soleil et de la Lune dans des quadriges.

Jusqu'ici, les experts ont toujours interprété ces allégories comme l'expression de l'aspect cosmique de la *Crucifixion*, conformément aux *Evangiles* de Matthieu (XXVII, 57), Marc (XV, 33) et Luc (XXIII, 44). Ce dernier, qui est le plus explicite, écrit: "*C'était environ la sixième heure quand, le soleil s'éclipsant, l'obscurité se fit sur la terre entière*"[11].

Pourtant, dans la *Crucifixion* de Munich par exemple, les chars ne sont pas là pour représenter les mouvements du Soleil et de la Lune, mais s'inspirent de l'iconographie antique[12], notamment

funéraire[13], du char de la Lune et du
"*quadriga solis*"[14] d'Apollon qui, associé à
Eridan (le dieu fleuve dans lequel
Phaëton fit choir le char du Soleil),
symbolisait la mort, "*interruption brutale de
toute vie*"[15]. D'ailleurs, la figure d'Océan
dans les *Crucifixions* rappelle traits pour
traits celle de l'Eridan antique[16]. D'autre
part, certains auteurs ont vu dans la
présence de la Terre et de la Sirène[17] au
pied de la Croix[18] sur de nombreuses
Crucifixions de la période romane les
symboles de "*la fécondité tellurique*" à
laquelle succède "*l'abondance et la félicité de
la Nouvelle Terre restaurée par le Christ*", "*la
fécondité charnelle*" à laquelle se substitue
"*une maternité spirituelle*"[19]. Déjà dans son
Pange Lingua, Venance Fortunat écrivait
que toute la Nature ("*Terra - Pontus -
Astra - Mundu*") avait été purifiée par la
Crucifixion[20]. De même dans les *Actes de
Pilate*[21], la Descente aux Limbes (dont
Jésus sauvera Adam et Eve, ainsi que

leur descendance) suit directement la condamnation et la mort du Christ[22].

De telles *Crucifixions* avec le Soleil et la Lune enfermés dans un cercle (c'est ce qu'on appelle une "*imago clipeata*") font donc penser aux représentations antiques du Voyage des âmes, comme on en voit sur plusieurs sarcophages du musée du Vatican[23], et notamment un sarcophage à strigiles du musée des Thermes à Rome[24] (fig. 3). Il faut savoir que le thème platonicien du Voyage de l'âme a été repris par beaucoup d'auteurs, de l'Antiquité jusqu'à la Renaissance[25] (Plotin, Porphyre, Proclus, Macrobe, Avicenne, Caccia da Castello, Albert le Grand, Francesco Cavalcanti, Dante, Marsile Ficin[26]). Les pythagoriciens, influencés par le mazdéisme des mages iraniens, répandirent dans l'Empire romain l'idée que l'âme avait la même complexion que les astres. Cette doctrine, basée sur l'"*immortalité aérienne des âmes*"[27], se retrouve chez Cicéron (*La République*, VI, 15), Pline (*Histoire Naturelle*, II, 26), Ovide (*Les Métamorphoses*, XV, 843-851), ou Dion Cassius (*Histoire romaine*, LXIX, 1)[28]. La doctrine la plus communément admise voulait que les âmes des morts voyagent à travers les astres (Cicéron, *Rép.*, VI, 26; Pline le Jeune, *Panégyrique de Trajan*, 89, 2; Lucain, *Guerre civile*, IX, 1-15)[29]. Les symboles astraux et les signes du zodiaque, fréquents dans l'art funéraire de Mésopotamie, d'Anatolie et d'Afrique sémitique, se rencontrent aussi dans les pays celtiques (l'Espagne, la Gaule, la Bretagne et les provinces danubiennes)[30]. Cette résurgence, antérieure à l'implantation romaine, atteste l'influence du pythagorisme sur les croyances druidiques. Il est donc intéressant de noter que la zone de propagation de ces cultes correspond à celle des *Crucifixions* avec le Soleil et la Lune, c'est-à-dire à Constantinople et à la partie occidentale du bassin méditerranéen.

Le passage et la perpétuation de la croyance au Voyage des âmes dans la chrétienté s'opère, très vraisemblablement, comme beaucoup d'autres éléments du culte et de la liturgie, par le biais de l'héritage mithriaque: le prêtre est appelé Père[31], et le culte tourne autour de la Cène de Mithra entouré des douze signes du Zodiaque[32]. Mithra est parfois représenté nimbé de son épée[33] (comme le Christ). Il s'associe à la figure de Anahitâ, l'Immaculée[34]. Les mystères de Mithra se célèbrent dans une grotte sur le plafond et les parois de laquelle sont représentés les six planètes et le soleil[35]. L'autel porte des stèles qui racontent les différents épisodes de la vie du dieu, la partie qui dans la liturgie chrétienne se nommera prédelle développant dans plusieurs scènes le thème de l'image centrale[36]. Tout à fait symptomatique pour nous dans ce cadre, le fait que l'iconographie pariétale de la grotte du culte (évocation de celle du Mon Mérou, l'utérus de la Terre-Mère[37]), allégorisait pour les fidèles "*Le chemin de la salvation* (qui) *doit amener de ce monde, symbolisé par les six planètes des murs latéraux, à la lumière du soleil au centre*"[38].

De plus comme on l'a dit, les premières représentations de la *Crucifixion* (exemplaires cités de Munich et de la BN, fig. 1) représentent l'Océan (sous le traits de Neptune-Eridan) et la Terre, respectivement à gauche et à droite de la Croix. Or l'iconographie des sarcophages antiques montre déjà ces deux divinités païennes allongées, "*le fleuve Océan*" à gauche qui, dans la mythologie grecque, représente traditionnellement "*la limite de l'univers organisé aussi bien qu'une séparation entre morts et vivants, (qui) voit vivre sur ses bords des Bienheureux, proches des dieux, au sort enviable, et des peuples misérables dont la vie est déjà comme une préfiguration de l'outre-tombe*"[39], et la Terre à droite, le plus souvent accompagnés d'Eros et des Dioscures (comme sur le sarcophage trouvé sur la Via Appia du Musée des Thermes, ou sur le fragment de sarcophage de l'escalier du palais Mattei à Rome)[40]. Le plus remarquable est que le symbolisme de ces oeuvres renvoie à l'idée d'immortalité, c'est-à-dire de renaissance dans l'Au-delà (c'est ce qui explique que le décor des sarcophages représente souvent Diane et Endymion, Ganymède, l'enlèvement des Leucippides[41] et les Dioscures, "*dieux sauveurs*"[42], Bacchus et son cortège, parfois avec Ariane[43], ou encore Koré qui "*sera donc l'essence divine qui s'abaisse ici-bas et s'enferme dans le corps, mais qui, libérée de cette captivité, retourne vers les hauteurs resplendissantes de l'éther*"[44]).

Ainsi, la représentation du défunt

dans une *imago clipeata*, qui "*évoque sa divinisation dans la sphère céleste*"[45], l'identifie aux dieux par ses vertus (Tertullien, *Aux Nations*, I, 10 et *Apologétique*, XIII, 7)[46]. De telles scènes sont donc de véritables apothéoses[47]. Cette mythologie aboutira aux théories néoplatoniciennes comme la *Théologie platonicienne de l'immortalité des âmes* de 1482 de Ficin ou le *Commento* de 1486, dans lequel Jean Pic de la Mirandole écrit, en parlant de "*l'âme universelle*" (I-12): "*Le sommet de cette partie intellectuelle, les Platoniciens l'appellent l'unité de l'âme et ils veulent que ce soit par elle que l'homme s'unisse immédiatement et s'apparente à Dieu, comme il s'apparente aux plantes par son être végétatif. Proclus et Porphyre croient que la part rationnelle de l'homme est seule immortelle. Tandis que Xénocrate et Speusippe étendent l'immortalité à la part sensitive. Numénius et Plotin y ajoutant encore la part végétative concluent à l'immortalité de toutes les âmes*"[48].

Finalement, puisque la Passion du Christ fait homme rapproche les croyants de Dieu (*Jean*, XV-XVI; et *Apocalypse*, VI-VII), on peut raisonnablement penser que, comme dans la représentation antique du mort "*divinisé*"[49] (dont l'iconographie dans une *imago clipeata* avec l'Océan et la Terre à ses pieds, est attestée sur les premiers sarcophages chrétiens[50]), le Soleil et la Lune n'illustrent pas dans les *Crucifixions* l'aspect cosmique de l'événement. Mais qu'au contraire, leur présence symbolise l'essence divine du Christ (*Luc*, 23, 46), ainsi que la promesse de sa Résurrection, et par suite de la Rédemption des âmes[51] grâce à son sacrifice[52], selon le même principe cyclique (de l'Enfer au Paradis) que pour l'antique Voyage des morts[53].

Ainsi en 1600-1601, dans la première scène de *Hamlet*, lors de la conversation entre Marcellus, Horacio et Bernardo, Shakespeare associait encore le cycle du jour et de la nuit à ce Voyage des âmes, à l'univers cosmique traditionnel (l'eau, l'air, la terre et le feu), et à la venue rédemptrice du Christ sur terre:

"- *Marcellus: Il* (le fantôme du roi) *est parti. Nous avons tort, devant cette Majesté, de l'attaquer par la violence... car il est, comme l'air, invulnérable, et nos coups inutiles ne sont qu'un méchant sacrilège.*
- Bernardo: Il allait parler quand le coq a chanté.
- Horatio: Et alors, comme une âme coupable qui s'entend rappeler par une voix effrayante, il a tressailli. On m'a dit que le coq, trompette du matin, avec sa voix haute et perçante, réveille le dieu de la Lumière[54]*, et qu'à son appel, qu'ils soient dans la mer ou dans le feu, dans la terre ou dans l'air, les esprits échappés, qui errent par le monde, s'enfuient vers leurs cachots de l'enfer*[55]*, et la vérité de ces dires, nous venons d'en faire la preuve.*
- Marcellus: Il s'est évanoui au chant du coq. Il y a des gens qui disent que, juste avant le temps où l'on célèbre la naissance du Sauveur, l'oiseau de l'aurore chante toute la nuit; et alors, dit-on, aucun esprit n'ose prendre le large... Les nuits sont pures, les planètes ne sont pas maléfiques; aucun mauvais sort ne prend, ni des mauvaises fées, ni des sorciers, parce que cette saison est

sanctifiée et que c'est la saison de la grâce.
- Horacio: On me l'a dit, et vraiment, j'y crois un peu..."[56]

Plus tard, Paul Cézanne lui-même compara les hommes à des *"restes de soleil"*[57]. On comprend donc mieux qu'au-delà de l'événement lui-même, la *Crucifixion* ait pris une telle importance dans l'iconographie, comme promesse d'une nouvelle vie après la mort et du Salut des Justes lors du Jugement Dernier[58].

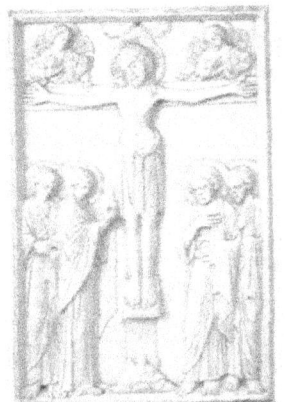

Fig. 1

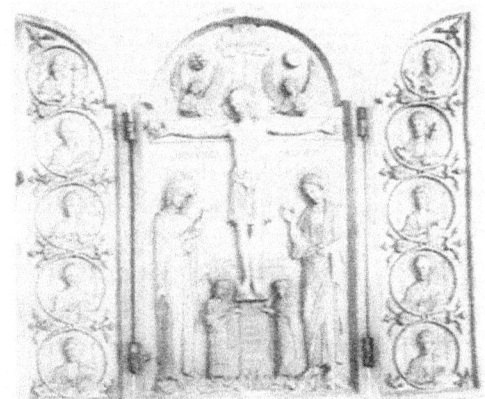

Fig. 2

Fig. 3

[1]Dans les *Evangiles*, il est rappelé que Golgotha signifie "*le Lieu du Crâne*". Peut-être est-il possible de voir dans ce supplice divin associé à l'exposition des crânes, qu'il va revivifier par son sang, l'image chrétienne inversée de rites païens similaires, dans lesquels les têtes coupées sont censées favoriser la germination, ainsi que du dieu pendu à un arbre, martyrisé et dépecé (pensons à l'importance du porte-éponge et du porte-lance), dont la peau est un "*véhicule de résurrection*" (outre la Descente aux Limbes, on peut penser à l'exposition de trois jours du corps christique aussi bien qu'à l'importance mystique du Saint-Suaire), cf. James George Frazer, *Le Rameau d'Or*, Paris, Robert Laffont, 1981 et 1983-1984, t. II, pp. 396 à 400.

[2]Fig. 117 p. 77 de Philippe Ariès, *Images de l'Homme devant la mort*, Paris, Seuil, 1983.

[3]Charles Sterling, *La peinture médiévale à Paris 1300-1500*, Paris, Fondation Wildenstein, 1990, t. II, fig. 10 p. 36.

[4]*Ibid.*, fig. 18 p. 45.

[5]*Ibid.*, fig. 360 p. 402.

[6]*Ibid.*, fig. 375 et 376 p. 410.

[7]Erwin Panofsky et Fritz Saxl, *La mythologie classique dans l'art médiéval*, Brionne, Gérard Monfort, 1990, pp. 62ss.

[8]Sterling, fig. 178 p. 178.

[9]*Ibid.*, fig. 361 p. 403.

[10]Fig. 1 pl. I de Jacqueline Leclercq-Kadaner, "*De la Terre-Mère à la Luxure - A propos de "La migration des symboles'*", pp. 37 à 43 des *Cahiers de Civ. Méd. Xème-XIIème s.*, janv.-mars 1975.

[11]Cité d'après l'éd. de *La Bible de Jérusalem*, Paris, Desclée de Brouwer, 1975, p. 1837.

[12]Cf. Panofsky et Saxl, pp. 62 à 71.

[13]Cf. Jean Prieur, *La mort dans l'antiquité romaine*, Ouest-

France université, 1986, pp. 106ss.

[14]Panofsky et Saxl, p. 71.

[15]Prieur, pp. 106-107. Franz Cumont, *Recherches sur le symbolisme funéraire des Romains*, Paris, Librairie Orientaliste Paul Geuthner, 1966, p. 166, parle plus précisément de "*la conflagration finale de l'univers*", on retrouve donc bien là le thème apocalyptique présent dans la *Crucifixion*, qui marque le début des mille ans avant l'avènement du Démiurge selon *L'Apocalypse de Saint Jean*, ce qui donna par contrecoup naissance aux peurs de l'an mil, cf. par ex. *Les Malheurs des temps - Histoire des fléaux et des calamités en France*, ouvrage collectif sous la dir. de Jean Delumeau et Yves Lequin, Paris, Larousse, 1987, pp. 27ss. Nous aurions ainsi tendance à préférer la définition de Cumont et à modérer le point de vue de Prieur, pp. 106-107, puisqu'il parle d'une "*interruption brutale de toute vie, sans allusion à une survie*", alors que le motif du char peut tout aussi bien renvoyer à l'idée de "*L'immortalité terrestre*", *ibid.*, pp. 111ss., voire à celle d'immortalité tout court, comme on va essayer de le montrer, cf. notamment Cumont, par ex. pp. 53 et 78ss. Le Soleil ponant, qui accompagne les morts dans l'hémisphère souterrain de l'Hadès, *ibid.*, chap. I, pp. 35 à 103, peut en effet évoquer l'idée de sa Résurrection au matin, mais également celle, implicite, de Résurrection. D'autre part, Cumont, *ibid.*, pp. 165 et 175, montre que la Lune et le Soleil associés représentent la "*lumière éthérée*", où les morts viennent vivre en compagnie des "*héros*" (le système représentatif des médaillons et du quadrige solaire servant à signifier cette héroïsation des défunts, *ibid.*, pp. 175-176).

[16]Cf. Panofsky et Saxl, p. 62.

[17]Rappelons que la Sirène, parèdre des Muses sur les sarcophages romains, y rempli son rôle habituel de psychopompe. En effet, dans la mythologie classique comme sur les sarcophages, les Sirènes (à l'instar des Tritons soufflant dans des cornes) symbolisent les Vents

qui conduisent l'âme des morts vers les sphères célestes, cf. Cumont, pp. 329ss., alors que les Muses, qu'elles peuvent remplacer, représentent quant à elles les musiciennes de l'Hadès, elles sont en effet l'emblème de la musique céleste et évoquent ainsi la joie éternelle des morts dans l'Au-delà, une fois débarrassés des affres de la vie, *ibid.*, pp. 290ss. De fait, Muses et Sirènes, dans leurs similitudes au sein de l'iconographie mortuaire antique, symbolisent les "*Vents psychopompes*" du Voyage des âmes, *ibid.*, pp. 305-306ss.

[18]Leclercq-Kadaner, pp. 37-38.

[19]*Ibid.*, p. 38.

[20]*Ibid.*, note 18 p. 38.

[21]Comme dans les représentations des huitième et neuvième fêtes byzantines qui s'en inspirent.

[22]*Evangiles apocryphes*, éd. de France Quéré, Paris, Seuil, 1983, pp. 127 à 159.

[23]Cf. Cumont, pl. XXII bis 1 et 2, l'image XXII bis 1 montre même le Soleil recevant une âme de la Lune.

[24]Reproduit dans Prieur, p. 135.

[25]Voir Robert Klein, "*Spirito Peregrino*", art. reproduit pp. 31 à 64 de *La forme et l'intelligible*, Paris, Gallimard, 1970. Notons d'ailleurs que Ch. F. Dupuis, *Abrégé de l'origine de tous les cultes*, Paris, Etienne Ledoux, 1821, par ex. pp. 259 à 371 et 428 à 512, montre parfaitement que le culte christique, basé sur ceux de Mithra, Hercule, Osiris ou Dionysos, en fait un dieu solaire, lié au cycle de la végétation, et que l'*Apocalypse* johannique se base sur les principes de divination liés aux planètes et aux signes du zodiaques. Il précise cependant qu'à la différence de Lucien qui opère la division en fonction des planètes, Jean préfère celle, plus traditionnelle, par rapport aux signes du zodiaque. Inspiré de l'astrologie orientale, également utilisée par les Manichéens, le livre de l'*Apocalypse* reproduit donc intégralement le parcours des âmes à travers les astres

jusqu' à leur retour "*à l'air parfait et à la colonne de lumière*" que ceux-ci "*figuraient par douze vases attachés à une roue qui, en circulant, élevait les âmes des bienheureux vers le foyer de la lumière éternelle*"; c'est ce que les Hébreux nommèrent la "*roue des signes*", *ibid.*, pp. 526-527. Nous serions néanmoins tentés de préciser que l'*Apocalypse* prend son sens dans la hiérogamie classique, aboutie par le combat entre le dieu Ciel et le dieu-serpent de la Terre, identifiable à Typhon. Ainsi, si l'on veut bien réajuster la fable de l'*Apocalypse* en rapport avec le livre qu'elle clôt, à savoir la *Bible*, et par conséquent la mettre à l'épreuve dans un cadre linguistique, c'est-à-dire par rapport à la *Genèse* qui ouvre la *Bible*, il est évident que les cycles de l'alternance entre le règne de Satan et ceux de Yahvé, donnés en milliers d'années, correspondent en fait à ceux de l'année zodiacale, *ibid.*, pp. 281ss. Le Christ apparaît alors comme le Soleil renaissant après l'hiver, ce qui est la coutume dans les rites du combat entre le Serpent et son parèdre, le Cavalier, qui au bout d'un certain temps fini d'ailleurs par s'identifier au Serpent lorsqu'il devient trop vieux. Comme l'a en effet montré Frazer, notamment t. IV, la mise à mort du dieu Soleil lors des fêtes solsticiales d'hiver ou de printemps servent à revivifier le dieu astral, représenté par un roi-prêtre, avant qu'il ne s'affaiblisse jamais. Ainsi donc, le Christ né de la Vierge au moment où Osiris donne la fécondité à la Lune, et comme Osiris ou Bacchus déchiré par les Titans, il subit un certain nombre d'avatars jusqu'au moment de l'équinoxe du printemps (Pâques), où le Soleil, qu'il représente, atteint son apogée; Jésus est alors fêté comme l'était par ex. Apollon vainqueur de Python, cf. Dupuis, pp. 291 et 297ss. C'est ce Christ équinoxial des *Evangiles* que l'on retrouve dans l'*Apocalypse*, *ibid.*, pp. 307ss. Cédrénus évoque parfaitement cette relation saisonnière entre les deux parousies christiques: "*C'est en ce même jour* (25 mars) *que notre dieu sauveur, après avoir terminé sa carrière, ressuscita d'entre les morts; ce que nos anciens pères ont appelé "la pâque" ou le passage du seigneur. C'est à ce même jour que nos anciens théologiens fixent aussi son retour ou second avènement, le nouveau siècle devant courir de cette époque, parce que c'est à ce même jour qu'a commencé l'univers"*; comme l'écrit Dupuis, *ibid.*, p. 299: *"Ceci s'accorde bien avec le dernier chapitre de l'Apocalypse, qui fait partir du trône de l'agneau équinoxial le nouveau temps qui va régler les destinées du monde de lumière et des amis d'Ormusd"*. On pourrait encore multiplier les correspondances. Il semble cependant assez clair à présent que, bien qu'il s'agisse de la mise en scène du combat entre l'hiver et l'été et de la hiérogamie saisonnière entre le Soleil et la Lune, la vie et l'allégorie christique, basées sur les mouvements du ciel zodiacal, attestent, notamment dans l'*Apocalypse*, la croyance au rapport entre l'âme et les planètes dans l'évocation des aventures des dieux (Bacchus, Osiris, ou Visnu-Krsna dont la vie de Jésus tire la plupart de ses traits, *ibid.*, pp. 293ss.), qui ne sont rien d'autre que des figures planétaires et astrologiques.

[26]Cités dans Klein, pp. 31 à 64.

[27]Prieur, p. 132. On connaît le rapport étroit entre les cultes tels que le mazdéisme, l'orphisme, le dionysisme, le mithraïsme, l'amidisme et le christianisme. Sur le symbolisme divin du voyage de l'âme dans le monde gréco-romain, cf. aussi, entre autres, Jean Bayet, *Les origines de l'Hercule romain*, Paris, E. De Boccard, 1926, p. 423. Or ce symbolisme est en tous points similaire à celui de la résurrection du Christ, comme le montre notamment Dupuis, à comparer à Bayet, *ibid.*, par ex. p. 410. On notera aussi la pérennité de la théorie avicennienne des Sphères (médiums entre le Mobile primordial, auxquelles elles s'identifient plus ou moins, et les hommes), inspirée de celle d'Aristote (comme celles par ex. de Sénèque ou de Ptolémée, lui-même influencé, ainsi que beaucoup d'auteurs chrétiens, par les théories orientales, cf. aussi les disputations de Pierre Bayle), et qui fonda la théologie musulmane, met en place l'idée de l'aspiration des âmes à se

refondre en l'Un primordial. En outre, les quatre corps fondamentaux platoniciens, associés dès l'origine aux quatre éléments, sont récurrents dans l'alchimie européenne, elle-même directement inspirée de l'alchimie (au sens de chimie des corps célestes) asiatico-musulmane (sur les origines astrologico-ontologiques des dieux, qui prend sa source à la jonction entre le polythéisme et la naissance du monothéisme, cf. Joseph Bidez et Cumont, *Les mages hellénisés*, Paris, Belles Lettres, 1973, 2 vol., *Encyclopediae Universalis*, éd. de 1968, t. 2, art. "*Astrologie*", pp. 668 à 679, et *Le monothéisme - Mythes et Traditions*, ouvrage collectif sous la dir. d'André Akoun, Paris, Brepols, 1990, pp. 15 à 56). Ce n'est donc pas par hasard si, d'une part, le shî'isme duodécimain (dans lequel on notera le caractère zodiacal du chiffre douze, compris comme un cycle) considère le douzième Imâm comme l'incarnation de l'interprétation éxotérique du message symbolique et ésotérique du Prophète, en même temps que comme médium entre le croyant, Mahommet et Dieu - c'est-à-dire comme une figure parousique dont la nouvelle venue est attendue à l'instar de celle du Christ chez les chrétiens -, et que d'autre part, toute la théorie politique européenne (Machiavel, Thomas Hobbes, Montaigne, Jean-Jacques Rousseau, Johann Gottlieb Fichte, Friedrich Hegel, etc.) se ressent de cette prégnance platonico-aristotélicienne (reprise par Averroès et Avicenne) de la valeur temporelle de l'imâmat philosophique, dont la qualité prééminente - comme celle des souverains-philosophes (ou des philosophes souverains), guides des âmes dans les systèmes politiques chrétiens - vient directement de son investiture divine, puisqu'il permet aux hommes d'atteindre à la connaissance vraie, pour que leurs âmes retournent et puissent à nouveau enfin se confondre avec les Sphères (soit par cycle soit définitivement, selon qu'il s'agit des théories soufiste ou sunniste et shî'îte).

[28]Cités dans Prieur, pp. 133-134.

[29]*Ibid.*, pp. 134-135.

[30]*Ibid.*, p. 138.

[31]Saxl, *La vida de las imágenes*, Madrid, Alianza, 1989, p. 34.

[32]Cf. Cumont, *Les mystères de Mithra*, 1913, rééd. Paris, Ed. D'Aujourd'hui, 1985.

[33]Saxl, p. 30.

[34]*Ibid.*, p. 31.

[35]*Ibid.*, p. 35.

[36]*Ibid.*, pp. 38-39.

[37]*Ibid.*, p. 34.

[38]*Ibid.*, p. 35, à propos du Mithraeum d'Ostie (la traduction de l'extrait cité de l'espagnol au français est de nous). Ce qui confirme et s'explique par le caractère solaire, et par suite cyclique, de Mithra et de sa parèdre qu'est le Christ, cf. aussi note 25 *supra*.

[39]A. Ballabriga, "*Le malheur des nains - Quelques aspects du combat des grues contre les pygmées dans la littérature grecque*", *Revue des Etudes Anciennes - Annales de l'Université de Bordeaux III*, t. LXXXIII, n° 1-2, 1981, p. 58. L'auteur, citant Hérodote III, 37, précise en outre que les Kabires étaient considérés comme les fils contrefaits du chthonien Héphaïstos, "*représenté sous une forme qui évoque à la fois celle d'un foetus et d'un nain difforme à la tête trop grosse, au ventre proéminent, aux bras courts, aux jambes fléchissantes*", leur représentation s'inspirant de celle du dieu "*patèque*" des orfèvres Ptah et de "*ses acolytes*", *ibid.*, pp. 59-60. C'est peut-être ce qui explique, du moins en partie, cf. note 42 *infra*, la présence auprès de l'Océan et de la Terre sur les sarcophages que nous citons des Dioscures-Kabires qui, en tant que dieux cosmiques, s'identifient à Horus et Harpocrate, et, en tant que divinités solaires, *ibid.*, pp. 58 à 60, à Neptune, Mars, Osiris, Sérapis, Héraklès, Hermès ou encore Mithra, cf. Maurice Albert, *Le culte de Castor et Pollux en Italie*, coll. "*Bibliothèque des Ecoles*

françaises d'Athènes et de Rome", Paris, Ernest Thorin, 1883, chap. V à IX, pp. 54 à 115, Fernand Chapouthier, *Les Dioscures au service d'une déesse*, coll. "*Bibliothèque des Ecoles françaises d'Athènes et de Rome*", Paris, E. De Boccard, 1936, pp. 234, 279 et 339 à 342, et Robert Schilling, "*Les "Castores" romains à la lumière des traditions indo-européennes*", *Hommages à Georges Dumézil*, *Revue d'Etudes Latines*, Bruxelles-Berchem, Latomus, 1960, p. 183. De fait, la présence des Dioscures sur ces sarcophages peut parfaitement être interprétée comme une allégorie de la course du Soleil, symbolique, comme on le sait, du voyage des âmes à travers les sphères célestes, cf. par ex. note suivante. Il est ainsi très intéressant qu'un exercice romain traditionnel des jeux équestres leur fut consacré en particulier. Il s'agissait pour le *desultor*, qui se mettait sous la garde des *Castores* dont il portait le nom, de sauter d'un cheval sur un autre, rappelant ainsi "*la légende* (selon laquelle les Dioscures, "*héros solaires*", Albert, p. 93) *tour à tour* (montaient) *au ciel et tour à tour* (descendaient) *aux enfers*", Albert, pp. 84-85. A noter, toujours en référence à cette double origine cosmique et indo-européenne des Dioscures-Asvins, que les Grecs identifièrent la constellation des Gémeaux aux Dioscures alors que les Egyptiens l'identifièrent à Horus et Harpocrate, *ibid.*, p. 91. D'autre part, nés d'un oeuf, symbole du monde comme le rappelle Albert, à l'instar de leur soeur Hélène et de Mithra, et par ailleurs associés, comme on l'a dit, à Harpocrate, Osiris et Sérapis (équivalent égyptien du Christ, cf. par ex. Gerard Mussies, "*The interpretatio judaica of Sarapis*", *Studies in Hellenistic Religions - Etudes préliminaires aux religions orientales dans l'Empire romain*, éd. par Marteen J. Vermaseren, Leyde, E.J. Brill, 1979, t. 68, pp. 189 à 214), les Dioscures s'identifient par là même clairement, on l'a vu, à des dieux solaires, cf. Chapouthier, par ex. p. 55. Or comme Chapouthier, p. 301, le rappelle encore, l'iconographie et le mythe des Dioscures dérive directement de ceux d'Hespéros et Phosphoros, c'est-à-dire encore de Jupiter et Mercure (selon Nigidius Figulus), ou du Ciel et de la Terre (selon Varron). De plus, on sait parfaitement le rapport filial qui unit Mercure à Jupiter dans le triade héliopolitaine. Ainsi donc, en tant que divinités cosmiques (identifiés à la constellation des Gémeaux), cf. Chapouthier, *ibid.*, par ex. pp. 257 et 271-272, les Dioscures représentent chacun une stase de l'évolution de l'astre solaire, des enfers au ciel (ce que rend le *desultor* des courses de chevaux). C'est pourquoi l'oeuf, dont on a vu qu'il leur était associé, symbolise, par chacun de ces hémisphères, auquel s'associe l'un des Dioscures en particulier, le mouvement du jour et de la nuit et, par là même, l'emprise totale de Némésis sur le monde et sur l'univers, *ibid.*, pp. 307-308. D'ailleurs, là encore, rappelant le profond rapport qui existe entre les Dioscures-Kabires et les Asvins, Chapouthier, *ibid.*, pp. 315 et 339 à 342, l'étend aux divinités similaires tels que Héraklès et Iphiklès, Amphion et Zéthos, les Dioscures s'identifiant alors explicitement, selon Chapouthier et l'on ne peut qu'abonder dans son sens, aux fils de Dyaus (le Ciel). On retrouve donc bien, dans cette dyade cosmique (qui rappelle encore celle de Civa et Visnù), la figure double du guerrier et du civilisateur, de Rémus et Romulus (cf. Chapouthier, *ibid.*, p. 244, et Albert), d'Héraklès et d'Hermès (auprès des statues équestres desquels, à Vienne, un bas-relief représente les Dioscures debout à côté de Mithra, cf. par ex. Albert, *ibid.*, p. 51), Hermès et Héraklès que l'on retrouve dans l'association de Mercure (manifestation physique du dieu solaire Jupiter) et de Bacchus (qui, sous toute réserve, serait une stase de Mercure, cf. Henri Seyrig, "*La triade héliopolitaine et les temples de Baalbek*", *Syria*, 1929, pp. 314 à 356) dans la triade héliopolitaine (cf. Seyrig, *ibid.*).

[40]Cumont, *Recherches sur le symbolisme funéraire des Romains*, chap. I, pp. 34 à 103, et fig. 9 et pl. VI, voir aussi par ex. pl. III. Cumont, *ibid.*, chap. II et III, pp. 104 à 252, comme

Prieur, qui s'en inspire, montre également très bien quel sens prend dans le symbolisme funéraire le voyage des âmes à travers les sphères célestes, la Lune et le Soleil.

[41]Cumont, *Recherches sur le symbolisme funéraire des Romains*, pp. 97ss. et 245ss.

[42]*Ibid.*, p. 101.

[43]Sur le symbolisme de la renaissance du mythe de Bacchus et Ariane dans l'art funéraire antique, cf. notamment Robert Turcan, *Les sarcophages romains à représentations dionysiaques - Essai de chronologie et d'histoire religieuse*, Paris, E. de Boccard, 1966.

[44]Cumont, *Recherches sur le symbolisme funéraire des Romains*, pp. 96-97.

[45]Prieur, p. 139.

[46]*Ibid.*, pp. 139 à 142; et Cumont, *Recherches sur le symbolisme funéraire des Romains*, pp. 100ss.

[47]Prieur, p. 139.

[48]Pic de la Mirandole, *Commento*, Lausanne, L'Age d'Homme, 1989, p. 101. On notera en outre que Pic associe le thème de la division des âmes aux figures du Soleil, de la Lune, de la Terre, pp. 90-91 et 97ss., et des Muses, livre I, chap. 11, pp. 99-100. Or d'une part, lorsqu'il parle de la division de l'âme humaine, il ne fait que reprendre à rebours la dialectique antique du trajet des âmes de la Terre jusqu'aux sphères célestes, cf. note 27 *supra*, et d'autre part, les Muses dans l'antiquité contribuaient directement à l'immortalité terrestre des âmes ("*Dignum laude virum Musa velat mori. Caelo Musa beat*", cf. Cumont, *Recherches sur le symbolisme funéraire des Romains*, chap. IV, pp. 252 à 350.

[49]Cf. Cumont, *ibid.*, p. 470.

[50]*Ibid.*, pp. 487ss.

[51]Identifiable à l'"*anabase*" de la mythologie classique.

[52]Les preuves en sont l'inscription rajoutée au XVIème siècle au revers de la plaque centrale de la fig. 2 *infra*,

"*Domine ne in furore tuo arguas me*" (*Ps.* VI, 1), cf. p. 236 de *Byzance - L'art byzantin dans les coll. publiques fr.*, catal. de l'expo. du Louvre (3 nov. 1992-1er fév. 1993), Paris, Réunion des Musées Nationaux et BN, 1992, et la présence de la Lune et du Soleil de chaque côté de saint Jean Baptiste sur un ivoire byzantin de la 2ème moitié du VIème s. représentant *Le baptême du Christ*, fig. 25 p. 72 de *Byzance*, *ibid.* (on connaît le symbolisme baptismal, eucharistique, rédempteur *et* purificateur du baptême dans le Jourdain).

[53]Ainsi, les chars de la *Crucifixion* de Munich font penser à celui d'Elie (cf. André-Marie Gerard, Andrée Nordon-Gerard, et P. Tollu, *Dictionnaire de la Bible*, Paris, Laffont, 1989, art. "*Elie*", p. 313) dont Jésus sur la croix semble invoquer le nom (*Matthieu*, XXVII, 46-47; *Marc*, XV, 34-35). Pseudo-Denys l'Aréopagyte écrit d'ailleurs: "*Les chars figurent l'égalité harmonique qui unit les esprit d'un même ordre*", cité par Jean Chevalier et Alain Gheerbrant, *Dictionnaire des symboles*, Paris, Laffont/Jupiter, 1988, art. "*Char*", p.209. On relèvera que les passages de *Matthieu* et *Marc* précédent ceux où les évangélistes parlent de l'éclipse solaire; Chevalier et Gheerbrant, *ibid.*, précisent d'ailleurs que le char solaire figure plus les caprices du Destin que l'équité divine, ce qui permet de mieux comprendre l'importance de la symbolique de l'anabase dans l'éclipse relatée par les *Evangiles* et de son interprétation par l'iconographie. De plus, comme nous l'avons relevé notes 25 à 27 et texte correspondant *supra*, notre interprétation est confirmée par l'origine mithriaque, et plus généralement solaire, du cycle de la vie et de la mort du Christ, cf. notamment à ce sujet l'indispensable ouvrage de Dupuis, et surtout *Origine de tous les cultes ou Religion universelle*, Paris, Librairie Etienne Ledoux, 1835, 10 vol. Nous souhaitons insister sur ce fait.

[54]Apollon, comme on l'a dit.

[55]On notera la nature antique de cet Enfer, lieu de *tous* les morts bien qu'il soit identifié à un lieu de souffrances (en

effet, le texte ne fait aucune référence au paradis, et même si le fantôme du roi est une âme en peine, il est difficilement crédible qu'il soit puni de fautes imputables à son frère, d'autant qu'il est décrit comme un homme plein de vertus). Bien sûr, cette vision antiquisante de l'Enfer s'accompagne de références païennes explicites aux cortèges nocturnes des morts, cf. par ex. Michel Vovelle, *La mort et l'Occident de 1300 à nos jours*, Paris, Gallimard et Pantheon Books, 1983, pp. 7 à 175. Ces thèmes du folklore populaire, ainsi que celui du cycle du jour et de la nuit, sont d'ailleurs récurrents dans *Hamlet*. De plus, on voit que, de manière fort intéressante, cette conception de l'Enfer comme lieu de passage, temporel donc, soutenue sans doute par l'émergence du purgatoire au XIIIème siècle, cf. Jacques Le Goff, *La naissance du purgatoire*, Paris, Gallimard, 1981, est à l'origine de toute une littérature du *"Songe d'Enfer"*, qui va de Raoul de Houdenc à l'*Hypnerotomachia Poliphili*, attribuée à Francesco Colonna, en passant par la *Divine Comédie* de Dante, et dont les héros s'acheminent vers une rédemption initiatique, par ailleurs très nettement teintée de mariolâtrie (notamment chez Dante et Colonna), à travers leur pérégrination, qu'ils effectuent, implicitement, à l'image du Christ, dont la venue est justement paradigmatique du voyage (à la fois en tant que calvaire et que retour) de l'âme dans notre civilisation, cf. aussi note 58 *infra*. Plus profondément encore, leur périple dans le monde des morts nous renvoie au rite du passage de la montagne sacrée des mythes premiers, cf. Marius Schneider, *El origen musical de los animales-símbolos en la mitología y la escultura antiguas - Ensayo histórico-etnográfico sobre la subestructura totemística y megalítica de las altas culturas y su supervivencia en el folklore español*, 1946, rééd. Madrid, Siruela, 1998 (rite dont on retrouve encore une variante à l'époque moderne dans la figure alchimique - et, pour nous, synthétique, du point de vue mythanalytique - du pèlerin dans le labyrinthe de la vie, cf. Alexander Roob, *Le Musée hermétique - Alchimie &*

Mystique, Cologne, Taschen, 1997, pp. 692-702, ainsi que notre article, *"Le parcours de l'humanité dans l'oeuvre de Jérôme Bosch; de l'eschatologie au péché originel: l'exemple du "Chariot de foin""*, en voie de publication dans *Le Bulletin de l'Association des Danses Macabres d'Europe*).

[56]Nous citons ici la trad. de Marcel Pagnol, *OEuvres complètes*, Paris, Club de l'Honnête Homme, 1977, t. 8, p. 51. Le texte original est: "*Mar.: 'Tis gone!/ We do it wrong, being so majestical,/ To offer it the show of violence;/ For it is, as the air, invulnerable,/ And our vain blows malicious mockery./ Ber.: It was about to speak when the cock crew./ Hor.: And then it started like a guilty thing/ Upon a fearful summons. I have heard,/ The cock, that is the trumpet to the morn,/ Doth with his lofty and shrill-sounding throat/ Awake the god of day; and, at his warning,/ Wether in sea of fire, in earth or air,/ The extravagant and erring spirit hies/ To his confine; and of the truth herein/ This present object made probation./ Mar.: It faded on the crowing of the cock./ Some say that ever'gainst that season comes/ Wherein our Saviour's birth is celebrated,/ And then, they say, no spirit can walk abroad;/ The nights are wholesome; then no planets strike,/ No fairy takes, nor witch hath power to charm,/ So hallow'd and so gracious is the time./ Hor.: So have I heard and do im part believe it*", The Complete Works of William Shakespeare, Londres, Murrays Sales & Service Co, 1978, pp. 847-848. On notera aussi, quoi que cela soit plus attendu, que l'on retrouve notamment cette vision cosmologique du ciel dans les recueils d'emblèmes, tels que *Les Images des Dieux* Cartari ou les *Mythologies* de Natale Conti.

[57]Citons encore, par exemple, pour l'époque contemporaine, la nouvelle de H.G. Wells, *"Bajo el Bisturi"*, trad. pour l'édition espagnole de Isaac Asimov, *Historias de lo oculto*, Barcelone, Plaza & Janés, 1993, pp. 9 à 21, ou le film *Contact* (1997). Ce qui atteste, là encore, clairement la survivance de la croyance au Voyage des âmes dans le monde moderne.

[58]Cette thématique est tellement importante que, non seulement les images du *Jugement Dernier* se multiplient sur les tympans des églises romanes, sur les iconostases byzantines (cf. par ex. *Hommage au Millénaire du Bapt. de la Russie - Icônes et Merveilles - Mille ans de trad. chrét. - Coll. fr. et europ.*, catal. de l'expo. du Musée Cernuschi, 26 Nov. 1988-19 Fév. 1989, Paris, Les Presses Artistiques et Musée Cernuschi, 1989, pp. 77 à 80) et dans l'iconographie de la Renaissance (le plus souvent sous la forme simplifiée de *L'Enfer* seul), mais qu'en plus la Descente du Christ aux Limbes pour sauver les Protoplastes et tous leurs enfants est au centre du célèbre récit médiéval de la naissance de Merlin l'Enchanteur (cf. *Merlin et Arthur: Le Graal et le Royaume*, éd. d'Emmanuelle Baumgartner, dans *La Légende arthurienne - Le Graal et la Table Ronde*, éd. établie sous la dir. de Danielle Régnier-Bohler, Paris, Robert Laffont, 1989, pp. 319 à 342, et Claude Gaignebet et Jean-Dominique Lajoux, *Art profane et religion populaire au Moyen Age*, Paris, PUF, 1985, pp. 290 à 294), ainsi que, comme on l'a dit, de l'Evangile apocryphe des *Actes de Pilate*, cf. Quéré, pp. 152 à 159, cf. note 22 *supra*. En dernière lecture, la reprise du thème et de l'iconographie du *Songe de l'Arbre abattu de Nabuchodonosor* par Dante dans *La Divine comédie* (vers 1307-1321) à propos des âmes transformées en oiseaux, (comparer Gaston Duchet-Suchaux et Michel Pastoureau, *La Bible et ses saints - Guide iconographique*, Paris, Flammarion, 1990, p. 237 et couverture de Jacqueline Risset, *Dante écrivain ou l'Intelleto d'amore*, Paris, Seuil, 1985), confirme cette contamination de la croyance antique au voyage des âmes dans la religion chrétienne.